de la A a la Z

Ecuador

A Juan, Alejandro, Saraluz, Solsiré;
Gog, Ada y Ela.

de la A a la Z

Ecuador

Edgar Allan García

Bógar y Gabriel Chancay

everest

A de ANDES

Son volcanes que se abrazan,
nevados como de leche y coco,
cumbres azules, cerros de oro,
gigantes que en silencio hablan.
Hogar de la niebla y el cóndor,
resbaladera de ríos, flauta de vientos,
por sus caminos no avanza el tiempo,
en sus quebradas no existe fondo.

Los Andes es una gran cadena de montañas que cruza Sudamérica de norte a sur, entre ellos, el centro del Ecuador. Por eso, el nuestro es conocido como un «país andino». En el Ecuador la cadena se divide en tres, y entre una y otra montaña se forman hoyas y valles donde crecen muchos pueblos y ciudades de la Serranía.

B de BOLÍVAR

Bolívar se enamoró de Manuela,
una quiteñita rebelde y risueña,
mejillas del color de la ciruela,
niña y mujer, soñadora, traviesa.
«Libertadora del Libertador» él la llamó,
y amoroso le dijo: «eres mi dueña».
Simón Bolívar estas tierras libertó
pero Manuelita a él lo conquistó.

En homenaje al Libertador
Simón Bolívar, tenemos una
provincia que se llama Bolívar,
al lado del volcán Chimborazo,
nevado al que Bolívar le escribió
un hermoso poema. También en
la provincia de El Oro se encuentra
Puerto Bolívar. Manuela Sáenz fue
la compañera de Simón Bolívar
durante buena parte de su vida: ella
lo abandonó todo para seguirlo,
ayudarlo y protegerlo. Es conocida
como «La Libertadora del Libertador».

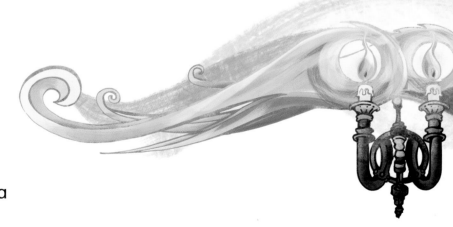

c de COLIBRÍ

Colibrí le dicen a esta flor que vuela,
pero aquí se llama quinde, dice mi abuela.
Quinde que en mi jardín goloso bebe
el néctar de sol que las flores tienen.

En la región Sierra del Ecuador, se conoce al colibrí como «quinde». Este hermoso pajarillo de colores que al sol se parecen a los del arco iris hace girar su alas a tal velocidad que cuando se encuentra en pleno vuelo, solo se ven unos rayitos de luz a los lados. El quinde es el colibrí ecuatoriano.

D de DANTA

Es un puerquito de nariz chistosa,
le dicen «tapir» más que otra cosa.
¿Pero adónde va?, ¿por qué trota?,
¿de quién huye por esa trocha?
Que no sea del cazador,
que no sea, por favor.
Anda, corre, danta, escapa
del cazador y sus trampas.

La danta o tapir tiene la piel oscura y la mirada dulce, por desgracia se encuentra en peligro de extinción. Es de la talla de un asno y posee un hocico largo. No tiene buena vista y le encanta comer semillas. Tiene patas cortas pero corre a gran velocidad y puede permanecer sumergida en el agua por mucho tiempo.

E de ESMERALDAS

Esta provincia verde verde
es de marimba y tambora,
de encocao y pangora,
de gigantes y duendes.
Un río grande la adora
y la selva la engalana
y cuando le da la gana,
se tiende al sol y se dora.

Esmeraldas tiene algunas de las playas más hermosas del Ecuador. De clima tropical-húmedo, sus tierras son muy fértiles. Su gran riqueza cultural va desde deliciosos platos con frutos del mar, hasta la música de marimba, pasando por los poemas populares (décimas) y los arrullos (cantos funerales). También es famosa por los restos arqueológicos dejados por la cultura La Tolita.

F de FANESCA

En Semana Santa te sirven
la sopa más grande del país:
delicia de lentejas, choclo, maní,
zapallo y habas que hierven.
Dicen que la trajeron de España
pero tomó el sabor de América,
porque tiene de mar y montaña,
porque es más india que ibérica.
Postre: dulce de higos, pristiños
y queso, para grandes y niños.

La fanesca es el plato más famoso
del Ecuador. Se lo prepara durante
la Semana Santa y requiere de doce granos.
A los ingredientes originarios de América,
se le han sumado otros traídos por los
conquistadores españoles. La preparación
de la fanesca es por lo general una fiesta
colectiva, lo es también su consumo. Todas
estas delicias terminan con un rico postre.

G de GUAYAS

El Guayas es el río más famoso,
aunque dicen algunos que es ría,
pero río o ría, se puso a caminar
muy alegre hasta llegar al mar.

Por Guayaquil se lo ve pasar
y en el Malecón se pone a cantar
una canción parecida a un pasillo
entonado por Julio Jaramillo.

El río -o ría- Guayas se forma por la unión de
dos ríos grandes: el Daule y el Babahoyo. No es
muy largo, pero sí muy ancho y en su orilla sur se
encuentra el Puerto Principal del Ecuador. Gracias
a la intensa actividad comercial del puerto,
Guayaquil, la primera en población del país,
ha crecido y se ha desarrollado a lo largo
de su historia. Uno de los símbolos de
la música popular del continente es
Julio Jaramillo, nacido en Guayaquil.

H de HIMNO

Te levantas con calma
y una mano en el corazón,
si la patria tiene su canción
debes cantarla con el alma.
«Salve, oh, patria», dice la letra
de nuestra canción primera,
la escribió un gran poeta
llamado Juan León Mera.

El Himno Nacional del Ecuador fue escrito por
el novelista, poeta e investigador ambateño
Juan León Mera. Su música le fue encargada
al maestro francés Antonio Neumane. Este himno
ha sido tradicionalmente considerado por
los ecuatorianos como uno de los más
hermosos del mundo.

I de ISLAS GALÁPAGOS

En el mar brilla un diamante
de maravillas sin igual
donde una tortuga gigante
tenía su lugar natal.
Era George, el galápago,
y aun rodeado de iguanas,
piqueros y relámpagos
no podía alegrarlo nada.
George era el famoso Solitario
del más hermoso escenario
de todo el inmenso planeta,
desde la A hasta la Zeta.

Las Islas Galápagos, Patrimonio Natural de la Humanidad, pertenecen
al Ecuador desde 1832. Es uno de los lugares más hermosos del planeta,
con una gran población de iguanas, lobos marinos, garzas, albatros, pinzones,
ballenas jorobadas, flamingos, pingüinos, piqueros, lagartos de lava, peces
voladores, entre otros. El más famoso de todos sus habitantes fue el galápago
conocido como «George El Solitario».

19

J de JAGUAR

Gato de sol y sombra
que con pisadas de viento
corre por la verde alfombra
sin romper el silencio.

Cazador de oro y brea,
antes de que el pez lo vea
o que el jabalí lo escuche,
terminarán en su buche.

Aliento de agua y piedra:
gran espíritu de la selva.

Al jaguar se lo conoce también como otorongo, yaguareté
o tigre americano, y aunque se parece mucho al leopardo,
es por lo general más grande que este. Al jaguar le gusta
treparse a las ramas y sobre todo nadar, de ahí que
escoja siempre lugares con pantanos o lagunas.
Es un excelente cazador y es capaz de cazar
incluso caimanes y boas adultas. Los shuar creen
que al espíritu del sol (Arutam) le gusta disfrazarse de jaguar.

K de KICHWA

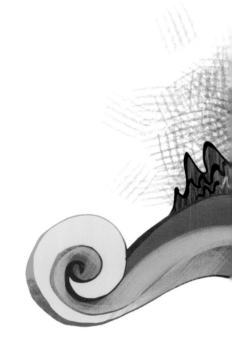

La lluvia se llama *tamia*
y los niños *guaguas*,
papá se dice *taita*
y tierra *allpa mama*.
Lo dulce es *mishki*
y el padre sol *inti*,
qué frío ¡*achachai*!
y la vida *kawsai*.
Hermosa lengua
del color del agua.

El kichwa (o runa shimi) que proviene de los incas peruanos, en el Ecuador se transformó en un idioma más suave y dulce que el que aún se habla en el sur del continente. El kichwa de la región Sierra es algo diferente al del Oriente, y el que se habla en la provincia de Chimborazo no suena igual que el que se habla en la de Imbabura, al igual que sucede con el castellano que se habla en la Costa o la Sierra.

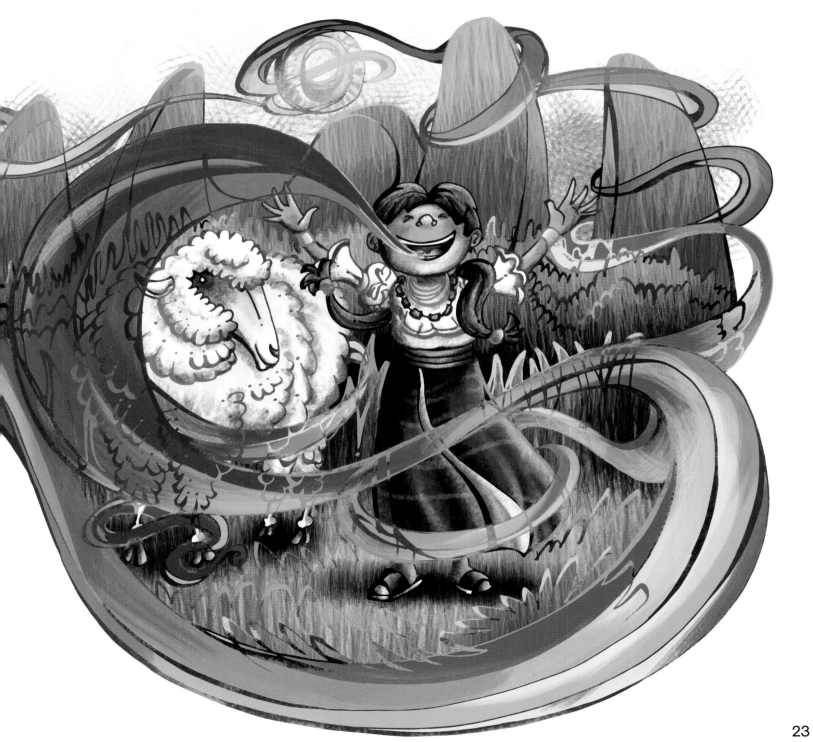

L de LECHERO

El lechero es un árbol
antiguo y sagrado,
pues de sus ramas labraron
el bastón de los sabios.
El lechero en sigilo
vigila montes y lagos,
guardián de los siglos,
señor de relámpagos.

El lechero (también conocido en kichwa como *pinllu*) es un árbol sagrado dentro de la tradición de los pueblos indígenas de la Sierra. Con su madera se elaboran bastones destinados a los *yachags* o sabios de las comunidades.

M de MAÍZ

Del penacho a la raíz
parece de oro el maíz:
mote, chicha, canguil,
tostado, choclo, tortillas
y humitas con pernil.
Qué sería de nosotros
sin tantas maravillas.

La planta de maíz es originaria del continente americano. Fue la dieta fundamental de los incas, los mayas y los aztecas, pero es mucho más antigua: en la cultura Valdivia, que tiene más de seis mil años de antigüedad y floreció en la Península de Santa Elena, se han encontrado vasijas llenas de maíz. Gracias al maíz comes canguil, choclos y tostado, entre otras muchas delicias, como «la caca de perro» (tostado recubierto de panela).

N de NAPO

El río Napo empieza
en el Cotopaxi y baja
como loca navaja
que al viento despereza.
Al Amazonas alcanza
llevando delfines rosa,
mientras las boas cazan
y en sus orillas reposan.

El río Napo nace de los deshielos del volcán Cotopaxi y baja hasta la región oriental en donde recibe varios afluentes. El Napo es, junto al Putumayo, el río más grande y largo del Ecuador. En algunas partes llega a medir hasta 1800 metros de ancho. Es uno de los afluentes del río Amazonas y en sus orillas florece la vida selvática y muchas comunidades indígenas.

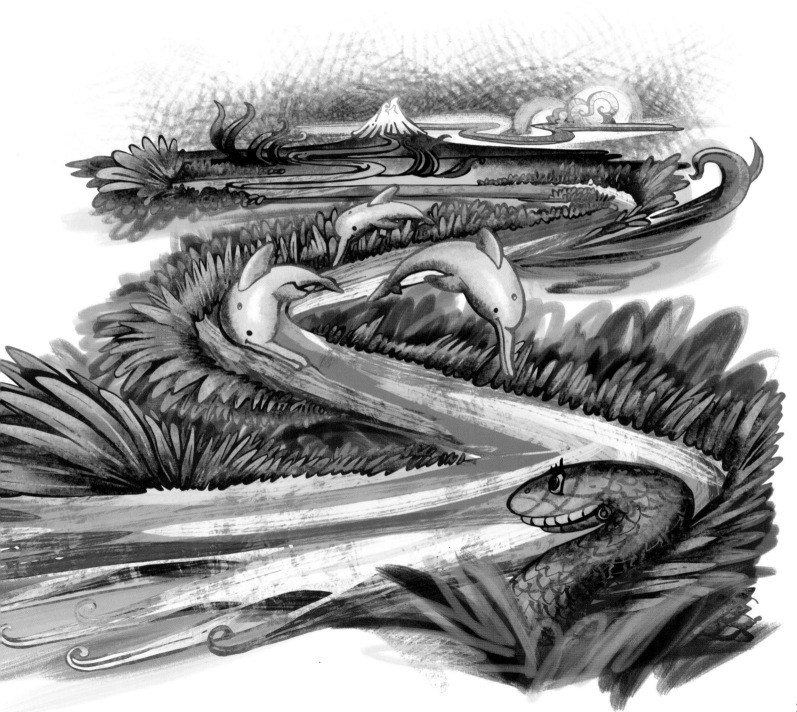

Ñ de ÑAÑO

En Ecuador «ñaño»
es más que amigo,
es más que hermano,
es quien va contigo,
es quien te da su mano
y te brinda abrigo
y te regala su abrazo
día tras día, año tras año.

En Ecuador, si dices «ñaño»,
dices cariño de gran tamaño.

Ñaño o ñaña es una palabra que viene del kichwa. En Ecuador es un término cariñoso con el que se designa tanto a los hermanos como a los amigos cercanos. Ser ñaño de alguien es una gran responsabilidad, significa que esa persona nos ha hecho parte de su familia, aunque no nos unan lazos de sangre.

O de ORITO

Este primo del maduro
es en verdad orito puro,
pues, amarillo o pecoso,
es el guineo más delicioso.
Solo florece en Ecuador
este chiquilín encantador.

En la Costa se conoce al plátano o banano como guineo, seguramente porque esta planta es originaria de Guinea, África. Entre las diversas variedades de guineo, está la del orito. Su tamaño es la mitad de un guineo normal, pero su sabor es supremo, en especial los oritos «mosqueados» o «pecosos». El Ecuador, principal productor de banano del mundo, es el único país donde se da el orito.

P de PAPAGAYO

Ni Mamá Gaia
suele comer papaya
ni el Papagayo
es un verdadero gallo.
Más que ave es un arco iris
—que de dos en dos vuela—
cerca de Guayaquil
y en Santa Elena.

El papagayo —al igual que el mono capuchino— es el símbolo central de
Guayaquil. En homenaje a esta colorida ave se levanta en dicha urbe
una escultura de 12 metros de alto en la ciudadela La Alborada. El papagayo
solo tiene una pareja a lo largo de su vida; si se mata o captura a uno de los dos,
el otro por lo general muere de tristeza. Por eso se ha emprendido una campaña
para salvar las pocas parejas que quedan.

Q de QUITO

El corazón es Quito,
la amada del sol,
la del primer grito,
la tierra del crisol.

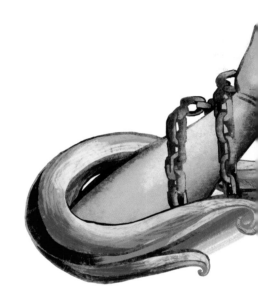

Quito fue un centro de adoración y un mercado mucho antes de que llegaran los conquistadores incas (hay restos con doce mil años de antigüedad). Tras la conquista española, se convirtió en Real Audiencia y más tarde en la capital del Ecuador. En Quito se dio el primer grito de rebeldía contra la España, el 10 de agosto de 1810. Fue la primera ciudad en el mundo en recibir el título de «Patrimonio Cultural de la Humanidad».

R de ROSERO

Con piña, babaco, frutilla
y pulpa de naranjilla,
lo haga quien lo haga,
es tan dulce que empalaga.

No olvidar el clavo de olor,
la canela, la naranja y el mote.
Para que el corazón se alborote,
si lo tomas en Cuenca, es mejor.

Este es uno de las bebidas más tradicionales
y ricas del Ecuador, junto a la colada morada,
el champús y la ensalada de frutas. Ingredientes
del rosero: mote pelado, ramas de canela, clavo
de olor, hojas de naranjo, rodajas de piña y
babaco, chamburos, naranjillas, frutillas,
limones, azúcar, agua carmelitana, agua
de azahares, hojas de arrayán. Desde Quito
hasta Loja se lo prepara con esmero.

S de SIGSES

Parecen muchachos
venidos de otro tiempo,
pero son penachos
que se despeinan al viento.
Con ellos cometas se hacen,
pues son carrizos livianos,
y cada vez que llega el verano
en las alturas se mecen.

Con sus largos penachos blancos,
parecidos a la cola de un zorro,
abundan los sigses en los campos
de la serranía. Se los usa para
techar las chozas, pero también
para construir cometas. Aún
sirven de armadura liviana pero resistente,
a la que se agrega, con engrudo, papel de colores, una piola
y una cola con retazos. Durante agosto, mes de vientos y cielos
azules, aún se ven volar alegres cometas hechas con sigses.

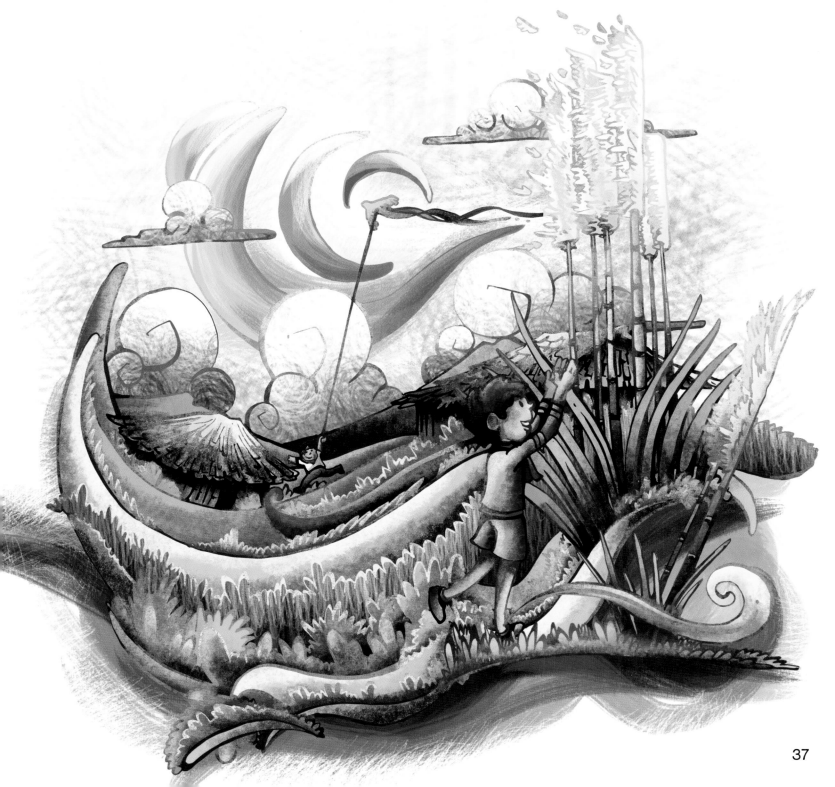

T de TUNDA

Es una mujer bembona,
pata de palo y caderona
que con apenas un guiño
se roba a los niños.
Tiene la gran habilidad
de parecer una mamá,
y si dice «ven nomás»,
ellos la quieren abrazar.

Se los lleva de la mano
y al escapar cojeando va,
despojada del engaño
parece un orangután.

Este es un ser de la mitología esmeraldeña. Se dice que se trata de una mujer que anda por los montes con una pata de molinillo y que se lleva a los niños llorones o malcriados, tomando la apariencia de la mamá de estos. Una vez que los pierde en la selva, ella los «entunda» (enloquece) con el fuerte olor que exhala a camarón podrido. Los habitantes de los pueblos se lanzan al rescate haciendo sonar ollas, lo que a veces espanta a la Tunda.

V de UÑA DE GATO

Por los senderos del Oriente
veo un garabato demente
llamado uña de gato,
que no es ni uña ni gato.
    Es una liana sanadora
que ahí todos la adoran
porque las heridas cura
y su pronto alivio dura.
    Planta maga del Amazonas
que vino a vivir por estas zonas.

Los ashaninka le llaman «samento» que quiere decir «uña de gato», porque se parece a la uña de un gato grande. Dice la leyenda que un ashaninka vio cómo un jaguar tomaba del agua que chorreaba de esta planta y de inmediato se volvía más ágil y fuerte. El nativo hizo lo mismo y todo su cansancio se fue al instante. Desde entonces, fue considerada por las comunidades orientales como una planta mágica que cura todo tipo de enfermedades.

V de VACA LOCA

Loca, muy loca,
resultó la vaca loca,
con los cuernos encendidos
y el triquitraque prendido
en la frente como trueno
y los ojos llenos
de petardos que rugen.
      Que no la empujen,
      que le abran paso
      y huyan sin retraso:
      toda precaución es poca
      porque viene la vaca loca.

En el Ecuador se conoce como vaca loca a un juego popular en el que alguien lleva sobre sus hombros una armazón triangular de madera, que tiene en la parte superior dos cuernos, a los que le han colocado diversos fuegos artificiales. En las noches, «la vaca loca» corre entre la multitud que se aparta asustada para no ser alcanzada por ella. Es común ver este divertido juego en las fiestas de san Juan en junio.

W de WAORANI

Cazan con cerbatana
y se saben los latidos
de valles y montañas.
Este pueblo diferente
que conoce los nidos
de pájaros y serpientes
es como los secoya,
los shuar o los zápara:
verdaderas joyas
que la selva ampara.

Los waorani son un pueblo original de
la región oriental del Ecuador. Son hábiles
cazadores y guerreros que se alimentan
de yuca, chontaduro y chucula (plátano
machacado) y usan el achiote para
adornar sus cuerpos y pintar sus
instrumentos de caza, a fin de
que les dé buena suerte.

X la ExTERMINADORA

Equis es la serpiente
de todas la más temida:
venenosos dientes
y ojos que intimidan.
De noche es una sombra
que nadie puede ver
y de día no se nombra
porque te puede morder.

La serpiente equis caza por lo general durante las noches. Es considerada
la serpiente más peligrosa de América y llega a medir dos metros y medio de largo.
Su mordedura es mortal y su mayor peligro consiste en que tiene la costumbre
de acercarse a los lugares donde viven los humanos en busca de sus presas
preferidas: lagartijas, ratones, pájaros y ranas.

Y de YASUNÍ

Tierra verde y salvaje
que bajo el gran follaje
guarda ranas, delfines,
loros y monos danzarines.
    Si miras entre los matorrales,
    verás millones de animales
    que chapotean, vuelan, saltan,
    silban, rugen, zumban, cantan.
Es un paraíso terrenal:
no cuidarlo estaría muy mal.

El Parque Nacional Yasuní es un lugar que alberga a la mayor cantidad de especies en el planeta Tierra. Para tener una idea, en solo una hectárea hay 655 especies de árboles y arbustos, es decir, más especies que en Estados Unidos y Canadá juntos, mientras que el número de especies de anfibios en apenas 50 hectáreas del Yasuní es igual al que hay en toda Norteamérica y al doble del que existe en Europa.

Z de ZUMBAMBICO

Zumba Zumbambico
de triste hojalata
como si fueras de plata.
    Zumba cual zancudo
    que da su serenata
    con pico de embudo.
Zumba Zumbambico
de triste hojalata.

Para hacer un zumbambico, tomas un botón de unos dos centímetros, pasas la piola por uno de los huecos del botón, la ensartas de regreso por el otro hueco y anudas los dos extremos de la cuerda. El juego consiste en hacer girar el botón al torcer y destorcer la piola. Si no tienes un botón, se puede hacer el «zumbambico» con una tapa aplastada de botella. Con el filo de la tapa puedes jugar a cortar la piola del otro jugador.